Franck Dumouilla

JESUS IS BACK

Kennes

Merci à David Ciussi pour sa parole vivante qui vient directement du silence.
Un jour, avec des amis, j'ai entendu David dire pour s'amuser :
« Hier soir, P'tit Jésus est venu me voir et m'a dit qu'il s'ennuyait là-haut, accroché sur sa croix, et qu'il préférerait être sur Terre pour rire avec nous. »
La graine de ce livre venait d'être plantée.

Merci aussi à Denis Marquet pour ses retours gratifiants.
Merci à Pierre Makyo qui m'a présenté les Éditions Kennes.
Et merci à toutes les nombreuses personnes croisées qui m'inspirent.

F. D.

Être adulte est une maladie de l'enfance.

Stephen Jourdain

Retrouvez-nous sur www.kenneseditions.com

Rejoignez-nous sur notre page Facebook : www.facebook.com/KennesEditions

Suivez-nous sur notre compte Instagram : kenneseditions

Première édition

Rue de la Blanche Borne 15
6280 Gerpinnes (Loverval) – Belgique

Dépôt légal : novembre 2021 | D/2021/13.105/197
ISBN 978-2-3807-5568-8 | NUART 89-6155-5

Imprimé en Belgique sur les presses de Delabie

COUCOU, ZACH, TU FAIS QUOI AVEC L'ÉCHELLE ?
J'ATTENDS P'TIT JÉSUS.
P'TIT JÉSUS ?
LES ADULTES DISENT QU'IL VIT DANS LES CIEUX.
– JE SAIS.
HÉ HÉ, MAIS LES ADULTES SAVENT PAS TOUT.
C'EST POUR LUI QUE TU AS POSÉ CETTE ÉCHELLE SUR CE NUAGE ?
BEN OUI, SINON IL FERAIT COMMENT POUR DESCENDRE ?
TU SAIS, LES GRANDS, ILS IGNORENT QUE DES FOIS, IL S'ENNUIE LÀ-HAUT.
ALORS DE TEMPS EN TEMPS, JE VIENS LE CHERCHER POUR QU'ON JOUE ENSEMBLE.
QUOI ?
IL S'ENNUIE DANS LES CIEUX ?
C'EST PAS VRAI, TU TE MOQUES DE MOI, C'EST PAS GENTIL.

SI ! ZACH A RAISON.
PARCE QU'IL Y A TROP DE CROYANCES SUR MOI.
HOP !!
P'TIT JÉSUS !
ZACH !!
AH AHAH AH AH !!!
AH AHAH AH AH !!!
IL Y A TRÈS LONGTEMPS, LES HOMMES M'ONT MIS SUR UNE CROIX...
ET DEPUIS, ILS M'Y ONT LAISSÉ.
CE QU'ILS PEUVENT ÊTRE COUILLONS DES FOIS !

SÉRIEUSEMENT, QUI AIMERAIT PASSER SES JOURNÉES CLOUÉ SUR UNE CROIX ?
JE SUIS COMME TOUT LE MONDE !
J'AIME RIRE, COURIR, JOUER, M'AMUSER...
ALORS DE TEMPS EN TEMPS, JE DESCENDS DE LEUR CROIX.
SCHPLAFF !!!!
ET JE M'AMUSE !!
J'ARRIVE !!

SCHPLAFF !!!!
AH AH AH AH AHAH AH!!
MINDIE, TU VIENS JOUER AVEC NOUS ?
EUH...
NON, J'AI MES DEVOIRS D'ÉCOLE À FAIRE.
D'ACCORD.
AH AH AH AHAHA !!!!!!

BOULANGERIE

VOUS ALLEZ OÙ COMME ÇA, LES GARS ?

LA PETITE MINDIE AFFIRME QUE JÉSUS EST REVENU PARMI NOUS !
JÉSUS !!!
IMPOSTEUR OU PAS IMPOSTEUR ?
IL EST DE NOTRE DEVOIR D'ALLER LE VÉRIFIER !!
FAUDRAIT BEAU VOIR À PAS S'FOUTRE DE NOT' GUEULE !!
NI À NOUS PRENDRE POUR DES ABRUTIS !
BONNE CHANCE, LES GARS !
Y A DU BOULOT.
LET'S GO, BOYS !

COUCOU !

C'EST LUI, JÉSUS ?
UN ENFANT ?

UN TOUT PETIT ENFANT.
ON N'A QU'À LUI POSER LA QUESTION.

EST-CE TOI, JÉSUS ?
OU ES-TU UN PETIT INSOLENT ?
OUI, JE LE SUIS.
DE DIEU, CROIS-TU POUVOIR NOUS MYSTIFIER ?
JÉSUS, ON LE RENCONTRE TOUS LES DIMANCHES À LA MESSE !
ON LE CONNAÎT BIEN ET ON SAIT À QUOI IL RESSEMBLE ! LA PREUVE EN PHOTO !
CE QUI NOUS PROUVE BIEN DEUX CHOSES : A) JÉSUS ÉTAIT UN ADULTE. B) MAINTENANT, IL VIT SUR SA CROIX.

ON A UNE QUESTION POUR DÉMASQUER TA PERFIDIE...
PAS PIQUÉE DES HANNETONS.
ATTENTION, ELLE VA FUSER !
TU L'AURAS VOULU !

NOM DE TON PÈRE ET DE TA MÈRE ?

VOICI CELUI QUI SE PREND POUR NOTRE SEIGNEUR JÉSUS-CHRIST.
NOTRE SEIGNEUR DE RETOUR PARMI NOUS EN ENFANT…
HÉ HÉ !
ET IL VIENDRAIT FAIRE DE LA BALANÇOIRE…
C'EST GROTESQUE !
POURQUOI FAIS-TU ÇA, GAMIN ?
POUR GAGNER UN PARI, C'EST ÇA ?
BESOIN DE RECONNAISSANCE, PEUT-ÊTRE ?
TU ES UN PETIT PLAISANTIN…
FRIVOLE
INSOUCIANT
FUTILE…
PUÉRIL
ALORS QUE LA FOI, C'EST SÉRIEUX !!
FAUT PAS JOUER AVEC !!
NOTRE SEIGNEUR JÉSUS ÉTAIT UN ADULTE RESPONSABLE, LUI !!
AVEC CHARGE D'ÂMES !

QUAND TU SERAS ADULTE, TU COMPRENDRAS.
ÊTRE ADULTE, C'EST ÊTRE RÉFLÉCHI...
SÉRIEUX
PRUDENT
MATURE
SAGE
RAISONNABLE
EXPÉRIMENTÉ
PONDÉRÉ
RATIONNEL
HOP !
ON PEUT ÊTRE UN ADULTE INNOCENT ET JOYEUX ?
DIS-MOI OUI, S'IL TE PLAÎT...
TU NOUS FAIS PERDRE NOTRE TEMPS, PETIT !
RENTRE CHEZ TOI, TES PARENTS DOIVENT S'INQUIÉTER.
ET NE RÉAPPARAIS PLUS.
PLUS JAMAIS.

BLE BLE
BLE BLE BLE
BLE BLE
AH AH AH AH
DANS VOTRE MONDE ADULTE, N'AURIEZ-VOUS PAS OUBLIÉ D'ÊTRE SIMPLEMENT JOYEUX ?
INNOCEMMENT JOYEUX ?
COMME UN ENFANT ?
N'AI-JE PAS DIT : CELUI QUI N'ACCUEILLE PAS LE ROYAUME DE DIEU COMME UN ENFANT N'Y ENTRERA PAS ?

QUAND VOUS ÉTIEZ ENFANTS, VOUS VIVIEZ AU PAYS DES MERVEILLES, VOUS ÉTIEZ TOUT LE TEMPS JOYEUX.
TOUT LE TEMPS !
À CETTE ÉPOQUE, VOUS BAIGNIEZ DANS L'INNOCENCE ET LA JOIE PURE.
IL FALLAIT QUELQU'UN D'AUTRE POUR VOUS RENDRE MALHEUREUX.
ÇA DURAIT QUELQUES INSTANTS ET VOUS REPLONGIEZ DANS VOTRE JOIE.
REGARDEZ-VOUS AUJOURD'HUI, C'EST L'INVERSE !! VOUS ATTENDEZ QUE L'EXTÉRIEUR VOUS RENDE HEUREUX !
VOUS NE SAVEZ PLUS L'ÊTRE SEULS.
VOUS ÊTES TOMBÉS DANS LA MARMITE DES RÂLEURS.
ET ÇA PUE LÀ-DEDANS !
VOUS PRÉFÉREZ REGARDER TOUT CE QUI NE VA PAS DANS VOS VIES POUR VOUS Y COMPLAIRE.
PERDUS DANS VOS PERSONNAGES D'ADULTES PRUDENTS, RAISONNABLES ET JE SAIS PLUS QUOI D'AUTRE...
OH, C'EST BON ÇA, LE MALHEUR.
MIAM MIAM
VOUS ÊTES DEVENUS CHIANTS À MOURIR !

MAIS...
LA BONNE NOUVELLE, C'EST QUE VOUS ÊTES LA SOURCE DE LA JOIE.
VOUS POUVEZ Y RETOURNER QUAND VOUS VOULEZ.
C'EST PAS GÉNIAL, ÇA ?? BANDE DE VEINARDS !!
MAIS À VOIR VOS TÊTES, VOUS NE ME CROYEZ PAS...
OU PIRE, VOUS VOUS EN FOUTEZ !

ET VOUS VOUDRIEZ QUE JE REVIENNE COMME VOUS ?
EN GRANDE PERSONNE AIGRIE ET GUEULARDE ?
RESTER SUR MA CROIX OU ÊTRE COMME VOUS, C'EST PAREIL. C'EST VIDE DE VIE.
NON MERCI POUR MOI !

AH AH AH AHAH AH
LAISSEZ-MOI M'AMUSER COMME JE L'ENTENDS. JE VOUS LAISSE MOURIR VIVANTS COMME VOUS LE VOULEZ.
SALUT, LES ZOMBIES !!

POURQUOI LES ADULTES SONT VENUS TE VOIR, JÉSUS ?
POUR SAVOIR SI J'ÉTAIS VRAIMENT MOI.
ET ALORS, ILS ONT ÉTÉ CONVAINCUS ?
TU PARLES ! BORNÉS COMME ILS SONT, ILS N'IMAGINENT PAS QUE «LEUR» JÉSUS PUISSE REVENIR EN ENFANT.
DES SOUS-DÉVELOPPÉS DE L'INSTANT PRÉSENT...
EMBASTILLÉS DANS LEURS CROYANCES ET LEUR FOUTU PASSÉ QUI N'EXISTE PLUS.
ILS SAVENT TOUT SUR TOUT, SUR MOI, SUR DIEU, ET SUR CE QUE DOIT ÊTRE LA VIE.
TU SAIS, ZACH, C'EST PAS TOUJOURS BEAU DE GRANDIR.
QUAND ON VOIT LE RÉSULTAT...
JE ME DEMANDE S'IL VAUT MIEUX PAS RESTER ENFANT.

À ME VOULOIR TOUJOURS SUR LEUR FOUTUE CROIX...
ILS ME CRUCIFIENT UNE SECONDE FOIS !
REGARDE L'IMAGE QU'ILS ONT DE MOI !!
PARALYSÉ SUR UNE CROIX DEPUIS DEUX MILLE ANS !
ET ILS SONT HEUREUX AVEC ÇA, SE DISANT QU'Y EN A UN QUI EN A PLUS BAVÉ QU'EUX !
À FORCE, J'AI DÛ M'ENDORMIR COMME LA BELLE AU BOIS DORMANT.
ZZZZZZ
AU MOINS, ELLE, ELLE AVAIT SON PRINCE CHARMANT POUR VENIR LA RÉVEILLER.
ET MOI, QUI VA VENIR LE FAIRE ?
BISOU !
MERCI, MON AMI.
AHAHAHAH AHAAAAH

QUAND JE DESCENDS SUR LA TERRE, PEU IMPORTE LA FORME PRISE...
LA VIE AIME ET S'AMUSE À PRENDRE TOUTES LES FORMES POUR SE GOÛTER.
LA CRÉATIVITÉ DIVINE INNOVE TOUJOURS. TOUJOURS !!
ELLE N'EST JAMAIS PÉTRIFIÉE ET NE CONNAÎT PAS LE PASSÉ.
AUSSI, POURQUOI JE REVIENDRAIS COMME J'ÉTAIS IL Y A DEUX MILLE ANS ?
ÇA SERAIT PAS RIGOLO.
J'AURAIS PU REVENIR COMME CETTE DAME, SI LA VIE L'AVAIT VOULU.
OU COMME CET HOMME.
YEAH, BROTHER !

OU ENCORE...
相撲
OU...
QU'IMPORTE L'APPARENCE, SEULE LA SOURCE COMPTE, ET ELLE EST EN NOUS.
MON DIEU QUE J'AIME LA VIE POUR ÇA, CAR ELLE EST PERPÉTUELLEMENT JAILLISSEMENT DE LA NOUVEAUTÉ.
J'ÉMERGE À CHAQUE INSTANT POUR MIEUX DISPARAÎTRE ET ÉMERGER À NOUVEAU.
TOUT COMME TOI, ZACH, ET COMME TOUT LE MONDE.

VIVRE, ÇA SIGNIFIE CRÉER, INVENTER SA VIE.
ÊTRE NOUVEAU...
PAS ÊTRE MORT SUR UNE CROIX !
J'EN AI MARRE DE CETTE IMAGE DE MOI !
J'AIME ÊTRE INSOUCIANT...
JOUER
M'AMUSER
FAIRE DES BÊTISES
DANSER
RIRE
PLEURER
ÊTRE FOU
TU T'IMAGINES SI J'ÉTAIS REVENU EN ADULTE...
PAR EXEMPLE, JE N'AURAIS PAS PU FAIRE DE GRIMACES QUAND JE VEUX OÙ JE VEUX.
LES GENS ME PRENDRAIENT POUR UN SIMPLET, UN CRÉTIN.
PEUT-ÊTRE MÊME QU'ILS VOUDRAIENT M'ENFERMER...
Y A TROP D'INTERDITS POUR LES ADULTES.
ENFANT, C'EST PLUS FACILE ET PLUS AMUSANT.
ON PEUT JOUER TOUS LES DEUX.

ET PUIS, J'AI LA CHANCE DE T'AVOIR COMME AMI, ZACH. ET J'AIME ÇA.
MOI AUSSI, P'TIT JÉSUS.

À BIENTÔT, ZACH. JE RETOURNE DANS LES CIEUX.
À BIENTÔT, P'TIT JÉSUS.

C'EST VRAIMENT JÉSUS ALORS...
BEN OUI, EN VÉRITÉ, IL VOUS L'A DIT MAIS VOUS NE L'AVEZ PAS CRU.
OOOOOHH OOOOHH
HONTE À NOUS !
N'AYEZ PAS PEUR, IL NE VOUS EN VEUT PAS.
AAAAAAAAAAAAHHH

MERCI, MON ENFANT !
ET MAINTENANT ?
MAINTENANT ? IL EST L'HEURE DE RENTRER CHEZ MOI.
À BIENTÔT !
NOUS, ON RESTE ICI POUR ATTENDRE NOTRE SEIGNEUR JÉSUS.
JÉSUS, JÉSUS...
JÉSUS
JÉSUS
JÉSUS
JÉSUS !!

JÉSUS
YEAhhh
JÉÉSUS
DJIIIIIISEUSSSSS
JÉÉÉSUS
JÉÉÉÉÉÉÉSUS
ALLELUIIIIIA
JÉSUS EST DE RETOUR, MES FRÈRES !
JÉSUS MY LOVE

JÉSUS REVIENT PARMI NOUS !
YOUPIIIIIIIII !!!
TOI, TU ES L'UN DE SES DISCIPLES !
MAIS ILS FONT QUOI ?
Ô DIVIN APÔTRE, DÉLIVRE-NOUS TA BONNE PAROLE.
BISOU
SERAIS-TU PIERRE ? JACQUES ?
JEAN ?
LUC ?
ILS SONT SÉRIEUX ?
MATTHIEU ?
OU UN PROPHÈTE ?
ÉLIE ?
JEAN LE BAPTISTE ?
DANIEL ?
ISAÏE ?
?

REVIENS ICI
NOUS ABANDONNE PAS
AIME-NOUS !!!

PFFFFFF
PRENDS-NOUS EN PITIÉ
BÉNIS-NOUS !!

PFFFFFF
ON A BESOIN DE TOI
PROMETS-NOUS UNE PLACE AU PARADIS !!
AAAAAARGhhhhhh

ON A PERDU L'APÔTRE.
IL EST PASSÉ OÙ ?
PIERRE
JEAN
LUC
MATTHIEU
JE L'AI RETROUVÉ !!!!
AAAAAAAHHHH !!!

STOP !!!
CALMEZ-VOUS !!!
JÉSUS
JÉSUS
JÉSUUUS
MATTHIEU
PIERRE
ÉLIE
JEAN
LUC
MARC

ILS M'ONT TROP FAIT PEUR !!!
ILS SONT DEVENUS FOUS EN RÉALISANT QUE TU ES LE VRAI JÉSUS !
ILS M'ONT PRIS POUR TON APÔTRE OU UN PROPHÈTE.
LA FOLIE DES HOMMES... JE LA CONNAIS BIEN.
ALLONS LES VOIR, ILS T'ATTENDENT À L'ÉGLISE.

LE VOILÀ LE VOILÀ !!!
JÉSUS ARRIVE JÉSUS ARRIVE !!!
IL EST AVEC PIERRE, JE CROIS ?
OU MARC ?
PEUT-ÊTRE JACQUES ?
SIMON ?
ÉLIE ?
MAIS NON, C'EST ZACH, UN ENFANT DU VILLAGE.
T'ES SÛRE ? C'EST PAS LUC ?
NI MATTHIEU ? NI MARC ?
PFFF, CE QUE VOUS ÊTES BÊTES DES FOIS, LES ADULTES !

TAISEZ-VOUS TOUS !! MONTREZ VOTRE DÉFÉRENCE À NOTRE SEIGNEUR !
ON EST PRÊTS.
COUCOU, LES AMIS.
COUCOU !
MAIS QU'EST-CE QU'IL FAIT ?
POURQUOI IL NE RENTRE PAS ?
TOUT LE MONDE VA BIEN ?
OUI
OUI
OUI
OUI

BIM BAM BOUM
ET ME VOILÀ !!

BONJOUR, BONJOUR, TOUT LE MONDE !!
C'EST MOI !
J'SUIS LÀ !

ZACH, REGARDE QUI EST LÀ...
MOI, EN CROIX.
HOP !
COUCOU, TOUT LE MONDE. BIENHEUREUX D'ÊTRE PARMI VOUS !
ÇA FAIT LONGTEMPS QUE JE N'AI PAS PARLÉ DEVANT UNE FOULE, ÇA ME RAPPELLE DES SOUVENIRS.
C'EST RIGOLO.
MAIS AVANT...
FAUT QUE JE M'OCCUPE DE LUI.
OOOOH !
MAIS QUE FAIT-IL ?
IL SE JETTE LUI-MÊME !!

SEIGNEUR, PARDONNE-MOI DE NE PAS T'AVOIR RECONNU À NOTRE PREMIÈRE RENCONTRE.
OH MAIS C'EST PAS GRAVE DU TOUT.
SI, SEIGNEUR, J'AI FAUTÉ !! PUNIS-MOI !!
ARRÊTE DE DIRE DES BÊTISES ET RELÈVE-TOI !
JE NE SUIS QU'UN MINABLE VERMISSEAU INDIGNE D'ÊTRE À TA HAUTEUR.
LAISSE-MOI ME TRAÎNER À TES PIEDS, Ô JÉSUS.
T'ES TÊTU, TOI !
PUISQUE C'EST COMME ÇA, TU L'AURAS VOULU !
NE BOUGE SURTOUT PAS !
OUI, SEIGNEUR.
PAF

ET TOUS CEUX QUI VOUDRAIENT FAIRE COMME LUI AURONT DROIT AU MÊME COUP DE PIED DANS LE CUL !
VOILÀ UNE SITUATION CLARIFIÉE.
ON PEUT MAINTENANT PASSER À LA SUITE.
JÉSUS, D'UNE PAROLE PEUX-TU ME LIBÉRER DU MALHEUR ?
S'IL TE PLAÎT...
EST-CE POSSIBLE ?
MOI, MON PROBLÈME, C'EST MA FEMME. ELLE M'EMMERDE.
Y A MOYEN OU PAS QUE T'Y FASSES QUELQUE CHOSE ?
MON FILS NE TRAVAILLE PAS À L'ÉCOLE. QUE VA-T-IL DEVENIR ?
J'AI PEUR POUR SON AVENIR.
LE MONDE EST UNE JUNGLE.
MA VIE, C'EST LE BORDEL TOTAL !
POURQUOI JE RATE TOUT CE QUE JE FAIS ?
MON CORPS EST PERCLUS DE DOULEURS.
JE SOUFFRE TOUT LE TEMPS.
GUÉRIS-MOI, JÉSUS, S'IL TE PLAÎT.
POURQUOI NE SUIS-JE ENTOURÉE QUE DE CONS QUI NE COMPRENNENT RIEN À RIEN ?
QU'AI-JE FAIT POUR MÉRITER CELA ?

BLA BLA
MOI JE
BLA BLA
PLEURNICHE
BLA BLA.
BLA BLA
LAMENTATION
BLA BLA
BLÂME
BLA BLA.
BLA BLA
REPROCHE
BLA BLA
ACCUSATION
BLA BLA.
BLA BLA
PLAINTE
BLA BLA
CULPABILITÉ
BLA BLA.
BLA BLA
JUGEMENT
BLA BLA
RÉQUISITOIRE
BLA BLA.
BLA BLA
MALHEUR
BLA BLA
RÂLER
BLA BLA.
STOP !!!
VOUS ALLEZ TOUS VOUS DONNER LA MAIN.
ALLEZ, ZOU, C'EST PARTI !!
ME FAIRE TOUCHER PAR UN AUTRE ? C'EST DÉGOÛTANT.
ET MES DOULEURS ? C'EST COMME ÇA QU'ELLES VONT DISPARAÎTRE ?
MAIS MON FILS ?
POURQUOI ÇA ?
QUOI ? ON N'EST PAS À LA MATERNELLE !!
MA FEMME, IL EN FAIT QUOI ?

PRENEZ LA MAIN DE VOS VOISINS ET PRÉPAREZ-VOUS À SORTIR DE L'ÉGLISE.
ENSUITE, VOUS FERMEREZ LES YEUX.
ALLEZ, C'EST PARTI.
LES YEUX FERMÉS, FAITES CONFIANCE EN CELUI DE DEVANT.
OUBLIEZ VOTRE MENTAL.
N'ÉCOUTEZ QUE VOTRE CORPS ET LAISSEZ-LE VOUS GUIDER.

SENTEZ LE VENT VENIR CARESSER VOTRE PEAU...
LE SOLEIL VOUS ENVELOPPER DE SA CHALEUR !
GARDEZ TOUJOURS LES YEUX FERMÉS !
HUMEZ LE PARFUM DES FLEURS.
OBSERVEZ VOTRE CORPS, FAITES-LUI CONFIANCE !
SAVOUREZ LA VIE QUI VOUS ENVAHIT, DEVENEZ INNOCENT AVEC ELLE ET LAISSEZ-VOUS PORTER.
SOYEZ VIVANTS !!!
AH AH AHAAA AH AH AH AH AAAAAAHHHHH AH AH AH

QUAND VOUS COURIEZ DANS LES CHAMPS, ÉTIEZ-VOUS MALHEUREUX ?
AVIEZ-VOUS DES SOUCIS ?
NON
BEN NON
NON
AUCUN, NON
VOUS AVEZ ARRÊTÉ D'ÉCOUTER CE MENTAL MENSONGER SIMPLEMENT EN REVENANT DANS VOTRE CORPS.
CE CORPS VOUS A LIBÉRÉS DE VOTRE PENSÉE MENAÇANTE.
ET VOTRE MALHEUR A DISPARU QUAND VOS PENSÉES ONT DISPARU.
ARRÊTEZ DE CROIRE QUE LA PENSÉE SUR VOTRE MISÈRE EST VRAIE.
C'EST NUL ! ÇA VA PAS CHANGER MA FEMME !
C'EST DU FOUTAGE DE GUEULE ! IL EST AUTANT JÉSUS QUE MOI LA JOCONDE !
VIVEZ SIMPLEMENT, INNOCEMMENT, DANS LE MOMENT PRÉSENT...
ET VOUS VERREZ QUE TOUT VA BIEN !

SALE PETIT CON !
DE QUI TE MOQUES-TU ?
VENIR BAFOUER NOTRE SEIGNEUR JÉSUS-CHRIST !
JE CONNAIS MON CHRISTIANISME, MA THÉOLOGIE, MA BIBLE ET TOUT ET TOUT !
ALORS TE FOUS PAS DE MA RELIGION NI DE MOI !
LE CHEMIN VERS LE SEIGNEUR EST ARDU ET CE N'EST SÛREMENT PAS EN JOUANT À TA FOUTUE QUEUE LEU LEU QU'ON Y PARVIENT.
NON NON NON
TU VIENS POUR FOUTRE LE BORDEL, OK !! MAIS SACHE QUE LES HALLUCINÉS DE TON GENRE, JE LES RENIFLE À MILLE LIEUES !
FAIS GAFFE À TA GUEULE, PETIT !
HONTE À TOI, RENÉGAT !!
ET TOI, LE CURÉ, COMMENT AS-TU PU CAUTIONNER CETTE MASCARADE GROTESQUE ?
MAIS...
TU ME DÉÇOIS !!
SUPPÔTS DE SATAN !! COMPTEZ SUR MOI POUR FAIRE REMONTER CETTE AFFAIRE EN TRÈS HAUT LIEU.
TREMBLEZ EN ATTENDANT !! LES FOUDRES DU SEIGNEUR VONT TOMBER SUR VOUS !!
HÉRÉTIQUES !!
VOUS BRÛLEREZ EN ENFER !!
JE VOUS HAIS !!!

MAIS JÉSUS... TU LES LAISSES PARTIR SANS RIEN FAIRE ?
BIEN SÛR ! REGARDE-LES PRENDRE DU PLAISIR À RÂLER, PERSUADÉS D'AVOIR RAISON.
BLA BLA IMPOSTEUR BLA BLA.
BLA BLA MA FEMME BLA BLA.
BLA BLA DÉGOÛT BLA BLA.
CES GENS NE SONT PAS PRÊTS POUR CHANGER LEUR VISION DU MONDE, ILS ONT ENCORE BESOIN DE LEURS VIEILLES CROYANCES.
ÇA LES RASSURE, ET JE LES COMPRENDS.
EN QUOI ÇA TE GÊNE ?
BEN MOI, ÇA M'ATTRISTE. TU PEUX VRAIMENT RIEN FAIRE POUR EUX ?
NON.
POUR L'INSTANT, C'EST LEUR CHEMIN. ET IL EST TOUT À FAIT RESPECTABLE.
JE SUIS DÉÇU. JE CROYAIS QUE TU AVAIS TOUS LES POUVOIRS.
DIS DONC, TU ME PRENDS POUR UN SUPERHÉROS STYLE SUPERMAN OU BATMAN ?
ARRÊTE DONC DE FANTASMER SUR UN SUPER SAUVEUR QUI N'EXISTE PAS.
PARCE QU'IL N'Y A PERSONNE À SAUVER.
QUOI ????? C'EST TOI QUI ME DIS ÇA ?
MAIS... MAIS POUR NOUS, TU ES LE SAUVEUR. CELUI QUE NOUS ATTENDONS DEPUIS DES SIÈCLES POUR NOUS RAMENER SUR LE DROIT CHEMIN.
RIGOLE PAS AVEC ÇA... TU ME FAIS PEUR.
JE N'AI JAMAIS SAUVÉ PERSONNE ET NE SAUVERAI JAMAIS PERSONNE.
JE MONTRE JUSTE UN CHEMIN ET L'EMPRUNTENT CEUX QUI VEULENT. JE NE FORCE PERSONNE.
PERSONNE À SAUVER... PERSONNE À SAUVER... TU M'EMBROUILLES.
JE NE COMPRENDS PLUS RIEN, J'AI MAL À LA TÊTE.

ET PUIS EXPLIQUE-MOI CETTE QUEUE LEU LEU. POUR CERTAINS, ÇA A ÉTÉ RIDICULE, POUR MOI, CE FUT DÉROUTANT.
ON S'ATTENDAIT À UN PRÊCHE, UN SERMON, PAS À UN JEU D'ENFANT !!
TANT MIEUX, NON ?
TANT MIEUX, TANT MIEUX... C'EST VITE DIT ! ENTRE TON « Y A PERSONNE À SAUVER » ET TON JEU QUI ME CHAMBOULE, JE SAIS PLUS TROP OÙ J'EN SUIS...
AH AH AH AAAH AH AH
SI UN SIMPLE JEU D'ENFANT TE DÉROUTE, ALORS TU ES SUR LE BON CHEMIN, MON AMI.
C'EST VRAI QUE ÇA FAIT LONGTEMPS QUE JE NE ME SUIS PAS SENTI AUSSI VIVANT...
EN FAISANT JUSTE UNE QUEUE LEU LEU.
JE SENS CETTE SENSATION D'ÊTRE PLUS EN ADÉQUATION AVEC MOI-MÊME.
IL ÉTAIT TEMPS À TON ÂGE, NON ?
JE TE TAQUINE.
BIENVENUE AVEC TOI-MÊME !
MAINTENANT, JE VAIS ALLER JOUER AVEC MON AMI ZACH, MERCI POUR CE MOMENT PARTAGÉ ENSEMBLE.
ET ON SE REVOIT BIENTÔT.

P'TIT JÉSUS, J'AI UNE QUESTION.
POURQUOI TU NE LEUR AS PAS RÉPONDU INDIVIDUELLEMENT DANS L'ÉGLISE ?
PARCE QU'UN INSTRUCTEUR NE RÉPOND PAS AUX QUESTIONS DU MENTAL.
SON RÔLE EST DE PARTICIPER AVEC JOIE AU DÉPOUILLEMENT DES ILLUSIONS.
ET DIEU SAIT QU'IL Y EN A DIABLEMENT TROP ! AH AH AH !
AH AH AH AAAAHH AH AH AAAHHHH AAHH

TIENS TIENS, VOILÀ NOTRE VIEUX CURÉ QUI VA FAIRE SA BALADE.
AH OUI, C'EST BIEN LUI.

DEPUIS L'ARRIVÉE DU P'TIT JÉSUS, QUEL CHANGEMENT DE VIE POUR CE GRAND COUILLON.
OH LÀ LÀ MON DIEU, C'EST VRAI !!!!

BONJOUR, MESDAMES.
BONJOUR, MONSIEUR LE CURÉ.
L'ÉVÊQUE L'A FOUTU AU PLACARD.
FINI POUR LUI LA CÉLÉBRATION DE LA MESSE.
ILS ONT MIS UNE PETITE BLEUSAILLE À SA PLACE.
L'EST MIGNON D'AILLEURS.
TOUT ÇA À CAUSE DE SA MAUVAISE FRÉQUENTATION AVEC CE PETIT JÉSUS.
PETIT JÉSUS ? MOI, J'AIMERAIS BIEN LE RENCONTRER.
MOI AUSSI. TOUT LE MONDE EN PARLE.
DEPUIS SON ÉVICTION, JE LE TROUVE CHANGÉ, CET ABRUTI.
OUI...
ÉTONNAMMENT EN BIEN.
L'AVAIT TOUJOURS UNE SALE GUEULE. OBSCÈNE COMME UN POU.
DÉJÀ QU'IL EST TOUT MOCHE...
MAINTENANT, FAUT AVOUER QU'IL EST PLUS SOURIANT.
SOURIANT... MAIS TOUT MOCHE !

C'EST VRAI QU'IL EST PAS GÂTÉ PAR LA NATURE...
UN GROS LAIDERON TOUT HIDEUX AVEC UN AIR D'ENTERREMENT.
IL AVAIT UN BALAI DANS LE CUCUL, MONSIEUR LE CURÉ.
SANS OFFENSER LE BON DIEU, BIEN SÛR.
TU SAIS QUOI ? IL ME FAISAIT MÊME PEUR DES FOIS...
RHOOOO, MOI AUSSI, J'OSAIS PAS LE REGARDER DANS LES YEUX.
J'AVAIS L'IMPRESSION QU'AVEC SON REGARD, IL ALLAIT M'ENVOYER EN ENFER.
TOUT PAREIL, TOUT PAREIL.
TIENS TIENS, REGARDE QUI VIENT LÀ.
VIENT TOUJOURS NOUS EMMERDER, CETTE BÊTE DU DIABLE.
ALLEZ, OUSTE, DÉGAGE DE LÀ, TOI !!!
PSSSST, DU BALAI !
MIAOU

BONJOUR, MONSIEUR LE CURÉ.
BONJOUR, BONJOUR.
B'JOUR, MONSIEUR LE CURÉ.

SALUT, CURÉ, TU TE REPOSES ?
OH, P'TIT JÉSUS !
OUI, JE ME BALADE, JE CONTEMPLE, JE SAVOURE.
JOLI LIEU POUR TE RETROUVER.
SAIS-TU COMMENT IL S'APPELLE ?
NON.
POURTANT, TU AS ÉTUDIÉ LA BIBLE, NON ?
ET TU NE LE RECONNAIS PAS ?
BEN NON.
SOIS LE BIENVENU DANS LE JARDIN D'EDEN !
TU ES CHEZ TOI.

ENCORE UNE DE TES PLAISANTERIES ?
C'EST PAS BIEN DE SE MOQUER DE MOI COMME TU LE FAIS.
TU SAIS TRÈS BIEN QUE TON PÈRE NOUS EN A CHASSÉS IL Y A BIEN LONTEMPS.
PAS GENTIL, P'TIT JÉSUS.
OH LÀ LÀ, VA FALLOIR TOUT REPRENDRE, AVEC TOI !
PAUV' DE MOI.
MAIS...
Y A PAS DE MAIS !!!
FOUS TON SAVOIR LIVRESQUE AUX CHIOTTES.
ARRÊTE DE PENSER, ARRÊTE DE PARLER, ARRÊTE TOUT !!
ET COMMENCE À REGARDER AUTOUR DE TOI.
REGARDE SANS PENSER, SANS NOMMER CE QUE TU VOIS.
COMME SI C'ÉTAIT LA PREMIÈRE FOIS QUE TU VOYAIS CE LIEU. SANS RIEN CONNAÎTRE.
COMME UN BÉBÉ QUI DÉCOUVRE LE MONDE QUI L'ENTOURE.
INNOCEMMENT ET ÉMERVEILLÉ.
ESSAYE, S'IL TE PLAÎT.

TU LE VOIS, MAINTENANT, LE JARDIN D'EDEN ?

ALORS, CURÉ, T'AS ENTROUVERT LES PORTES DU JARDIN D'EDEN ?
T'AS ENVIE DE RACONTER TON EXPÉRIENCE PARADISIAQUE ?
PAS TOUT DE SUITE, LES MOTS NE VIENNENT PAS.
T'AS RAISON, PAS BESOIN DE MOTS ! JUSTE REGARDER COMMENT LA VIE DANSE POUR NOUS, CHANTE POUR NOUS S'AMUSE AVEC NOUS !
PURE POÉSIE, PURE CRÉATION QUI POSE SA GRÂCE SUR NOUS.
C'EST ÇA LE PARADIS, MON AMI.
QUELLE CHANCE ON A !!
LE PARFUM, LA FORME, LES COULEURS DE CETTE FLEUR.
CETTE ABEILLE...
CE PAPILLON...

MAIS AU PARADIS, TOUT EST PARFAIT !
ALORS QU'ICI-BAS...
BORDEL DE MERDE !!!
TU VIENS D'EXPÉRIMENTER LE PARADIS IL Y A DEUX SECONDES !
NE LAISSE PAS TON MENTAL REPRENDRE LE DESSUS !
LE PARADIS EST ICI, TÊTE DE MULE !
IL EST EN TOI ET NULLE PART AILLEURS !
NIQUEDOUILLE PASSÉISTE !!
SEULEMENT, C'EST UN PARADIS EN CHANTIER.
À CONSTRUIRE À CHAQUE INSTANT.

SI TU L'AS VU, C'EST QU'IL EXISTE EN TOI...
ET NULLE PART AILLEURS.
SI CE N'EST PAS DÉJÀ EN TOI, TU NE PEUX PAS LE VOIR, NI LE SENTIR, NI LE VIVRE.
SEUL UN DIEU PEUT VOIR LE JARDIN D'EDEN.
DIEU NE T'A-T-IL PAS CRÉÉ À SON IMAGE ?
OH LÀ LÀ, TU M'EXPLOSES LE CERVEAU.
JE NE PIGE PLUS RIEN À RIEN !!!
J'AI UN SECRET...
VEUX-TU QUE JE TE LE DISE ?
OUI.
LE JARDIN D'EDEN EST REMPLI DE TRÉSORS PLUS BEAUX LES UNS QUE LES AUTRES ET IL EST LE SEUL À LES POSSÉDER.
MAIS CE N'EST PAS ENCORE VRAIMENT ÇA LE SECRET...
DÉBOUCHE BIEN TES OREILLES.
HÉ HÉ...

LE SECRET EST QU'IL Y A LE PLUS GRAND ET LE PLUS BEAU DE TOUS LES TRÉSORS.
TU VEUX LE VOIR, CE TRÉSOR ?
OUI ? NON ?
OUI.
ALORS, REGARDE-TOI.
BEN... JE ME VOIS...
...
MAIS...
IL EST OÙ, LE TRÉSOR ?

MAIS C'EST TOI, TÊTE D'ABRUTI !
C'EST TOI, LE PLUS GRAND DES TRÉSORS !
TOI
ELLE
LUI
L'HUMANITÉ ENTIÈRE !
VOUS ÊTES LA MERVEILLE DES MERVEILLES !!!!
OYEZ, OYEZ, BRAVES GENS !
RÉVEILLEZ-VOUS, RÉVEILLEZ-VOUS !
VOUS ÊTES LE JOYAU DE DIEU ! QU'EST-CE QUE VOUS VOULEZ ÊTRE DE PLUS ?
AH AH AH
MAIS QUAND MÊME, P'TIT JÉSUS...
TU NOUS VOIS COMME UN TRÉSOR ALORS QUE MOI, JE NOUS PERÇOIS COMME DES ENFANTS PERDUS, INDIGNES DE DIEU ET NUISIBLES POUR NOUS-MÊMES ET POUR LA TERRE.
ET MERDE, LE VOILÀ REPARTI DANS SON RÔLE DE VICTIME...
POUR CETTE RAISON, NOUS AVONS BESOIN D'UN GUIDE QUI NOUS DISE COMMENT NOUS COMPORTER, SINON ON VA CONTINUER À NE FAIRE QUE DES CONNERIES EFFRAYANTES.
ET CE GUIDE, J'ESPÈRE DE TOUT MON CŒUR QUE ÇA SERA TOI.

IL SUFFIT DE REGARDER NOS ACTIONS DANS LE MONDE, ESCLAVAGES, GÉNOCIDES, GUERRES, TORTURES, POLLUTIONS...
ARROGANCE, MANIPULATION, PERVERSION, HYPOCRISIE, ETC.
JE N'INVENTE RIEN, JE CONSTATE.
C'EST LA TRISTE VÉRITÉ.
ÇA Y EST ?
TA PLEURNICHERIE MENTALE SUR CETTE MISÉRABLE ET MÉCHANTE HUMANITÉ EST FINIE ?
OK. TU PRÉFÈRES QUITTER LE JARDIN D'EDEN POUR ALLER DANS TON MARAIS MENTAL.
C'EST TON CHOIX, CURÉ, MAIS T'ES PIÉGÉ, ABSORBÉ DANS TON MENTAL.
BIENVENUE EN ENFER !
PARCE QUE TON MENTAL NE TE LOUPERA JAMAIS.
BIM ! IL T'EN FOUT PLEIN LA TRONCHE !!
BIM ! T'ES MAUVAIS, MINABLE INFÂME, INDIGNE DE TOUT.
IL RÉUSSIT MÊME À TE FAIRE CROIRE QUE T'ES UN INFECT PARASITE POUR LA TERRE.
COMME UN PANTIN, TU GOBES TOUT CE QU'IL TE RACONTE.
POUR SORTIR DE TON ÉTAT MERDEUX, IL TE DIRA QU'IL TE FAUT QUELQU'UN POUR TE GUIDER.
CAR RIEN N'EST BON EN TOI.
ALORS TU TE METS À PRIER DES SAINTS, DES ANGES, DIEU...
POURTANT TU ES AUSSI DIGNE QU'EUX.
ET TU SAIS POURQUOI ?
BORDEL DE DIABLE PARCE QUE VOUS ÊTES DES PURS ENFANTS DE DIEU !!!!!

IL VOUS A CRÉÉS INSÉPARABLES DE LUI.
LE JOUR OÙ ÇA RENTRERA DANS VOTRE CERVELLE, VOUS ARRÊTEREZ DE VOUS PLAINDRE...
... ET D'ÊTRE VIOLENTS.
EN ATTENDANT, VOUS PATAUGEZ DANS UNE RÉALITÉ QUI PUE DES PIEDS FABRIQUÉE PAR VOTRE MENTAL QUI PUE DE LA BOUCHE.
TANT QUE TU NE SERAS PAS À L'ÉCOUTE DE TA SOURCE INTÉRIEURE, TU AURAS CETTE SENSATION DE VIDE, CE SENTIMENT DE MANQUE...
CAR TU SERAS INCOMPLET.

APPRENDS À T'ABREUVER À LA SOURCE.
MAINTENANT !!
VIENS QUE JE TE BAPTISE ! AH AH AH AHAH AH
ARRÊTE ! ARRÊTE !
YEAHHH !!!
PLOUF !!
TU N'AS PAS ENVIE DE VENIR ? ELLE EST TROP BONNE.
C'EST L'EAU BÉNITE DU PARADIS TOUT DE MÊME !!

AAAARRGHHH
PLOUFF !!
AH AH AH AH
AH AH AH AH AH AH !!

ON S'EST BIEN AMUSÉS, HEIN ?
OUI, JAMAIS JE N'AURAIS CRU M'AMUSER AUSSI FACILEMENT AVEC TOI.
PEUT-ÊTRE PARCE QUE JE TE CRAIGNAIS...
AH OUI ? SUIS-JE AUSSI EFFRAYANT QUE ÇA ?
OH, TU SAIS BIEN QU'ON A TOUS PEUR DU JUGEMENT ET QUE DEPUIS TOUT PETITS, ON A APPRIS À CRAINDRE LE COURROUX DE DIEU.
MALHEUREUSEMENT, JE SAIS QUE TU AS RAISON. VOUS CRAIGNEZ DIEU.
C'EST LE GRAND PARADOXE UNIVERSEL ! DU PLUS GRAND AMOUR, VOUS EN AVEZ FAIT VOTRE PLUS GRANDE PEUR.

ET POURTANT...
LE BÉBÉ ARRIVE AU MONDE EN PURE PRÉSENCE, EN PURE INNOCENCE.
IL FAIT UN AVEC SON ENVIRONNEMENT, IL EST LE TOUT.
IL NE VIT QUE LE MOMENT PRÉSENT...
SIMPLEMENT, NATURELLEMENT...
SANS PEURS INVENTÉES.
EN GRANDISSANT, IL VA SE SÉPARER DE CETTE UNITÉ POUR RENTRER DANS UN PERSONNAGE.
ECOLE
SA FAMILLE, SON ENTOURAGE, L'ÉCOLE LE FÉLICITENT À DEVENIR CE PERSONNAGE SÉPARÉ DES AUTRES.
NOTÉ, CLASSIFIÉ, JUGÉ, ÉTIQUETÉ.
L'ADULTE EN PROFITE POUR LUI IMPOSER SA VISION DU MONDE, RELIGIEUSE, ATHÉE, POLITIQUE...
IL FAUT IGNORER, NIER, OU REJETER DIEU POUR LES UNS. L'AIMER, L'IDOLÂTRER, LE CRAINDRE POUR LES AUTRES.
JOUER À ÊTRE CE PERSONNAGE EST UNE ÉTAPE, PAS LE BUT. L'ADULTE DEVRAIT L'AVOIR RÉALISÉ ET ACCOMPAGNER, SANS BRIDE, L'ENFANT DANS CE JEU.
PUIS LE LAISSER REVENIR À SA SOURCE SI LE BESOIN SE FAIT SENTIR. C'EST LA PARABOLE DE L'ENFANT PRODIGUE.

MAIS SI CE JEU EST PRIS TROP SÉRIEUSEMENT, ALORS L'ENFANT S'EMPRISONNE DANS CE RÔLE, CROYANT BIEN FAIRE.
IL GRANDIRA DANS SA PRISON, FAIT COMME UN RAT.
IL NE VOUDRA PLUS EN SORTIR ET ATTENDRA QU'UNE AUTORITÉ EXTÉRIEURE LUI DISE QUOI FAIRE.
LA RÉPUBLIQUE AVANCE !
QU'ELLE SOIT RELIGIEUSE, FINANCIÈRE, SPIRITUELLE, POLITIQUE, IL S'Y CONFORMERA OU SE REBELLERA, MAIS IL NE SERA PLUS LA SOURCE.
TOUS CEUX QUI ONT BESOIN D'UN GUIDE QUI LEUR DIT QUOI PENSER ET QUOI FAIRE N'ONT PAS LE GOÛT DE LA LIBERTÉ.
ILS PRÉFERENT RESTER DANS LEUR PRISON DORÉE.
ELLE LES RASSURE.

ET TU VOUDRAIS QUE JE SOIS VOTRE GUIDE ?
CELUI QUI Y CROIT NE CONNAÎT PAS LA DIFFÉRENCE ENTRE SON CUL ET SON ZIZI.
JE SUIS JUSTE VENU M'AMUSER AVEC MES AMIS.
RIRE AVEC LA VIE.
TOUBIDOU BIDOU WOUAH
BOSSER AVEC LES HUMAINS, C'EST PAS UNE SINÉCURE.
MOI, J'AI EU DES CLOUS DANS LES MAINS, JE PEUX TE DIRE QUE J'AI DÉGUSTÉ !!
MAIS JE NE VOUS EN VEUX PAS, C'EST DU PASSÉ (SAUF DE M'AVOIR LAISSÉ EN CROIX DEPUIS).
MAINTENANT, JE VAIS TE DIRE UN TRUC IMPORTANT.
UN GUIDE (PAS UN BOUFFON MYSTICO-PÉTÉ) N'EST PAS CELUI AUQUEL TU OBÉIS, MAIS CELUI AUPRÈS DUQUEL TU VAS ACCEPTER D'EFFACER TON PERSONNAGE.
PAF !!! C'EST RADICAL !!!
J'TE L'DIS, C'EST PAS FACILE À FAIRE. FRANCHEMENT !!
IL NE TE DIRA JAMAIS QUOI FAIRE, ÇA SERAIT DÉSHONORER TON MAÎTRE INTÉRIEUR.
IL T'APPRENDRA À LIRE LA VIE, SANS LA RÉÉCRIRE À TA SAUCE.
AUX CHIOTTES TON PASSÉ, TON FUTUR, TES CROYANCES, TES PROJECTIONS !
PRÊT POUR VIVRE ÇA ?

ALORS TU POURRAS RECEVOIR SANS AUCUNE INTENTION...
ET TU CONSTATERAS QUE TU N'AS PLUS DE POUVOIR PERSONNEL.
VIENDRA À LA PLACE UNE DOUCE INNOCENCE OÙ IL N'Y A PLUS BESOIN DE RENTRER EN GUERRE.
POUR, AU FINAL, REVENIR AU JARDIN D'EDEN...
SANS GUIDE, JUSTE AVEC TOI.
TU VIENS ? ON SE PROMÈNE AU JARDIN D'EDEN ?
OH !! REGARDE LÀ-BAS !!

QUOI ? QU'EST-CE QU'IL Y A ?
MAIS QU'EST-CE QUE C'EST ? UNE TORTUE ?
MAIS... MAIS C'EST PAS POSSIBLE, Y A PAS DE TORTUES DANS CETTE RIVIÈRE !!
REGARDE COMME ELLE EST BELLE.
NE T'AI-JE PAS DIT QUE NOUS SOMMES AU JARDIN D'EDEN ?
OÙ TOUT EST POSSIBLE ?
À NOUS DE CRÉER NOTRE VIE !!
POUR ENGENDRER L'IMPOSSIBLE, L'UNIVERS A BESOIN DE NOUS.

À BIENTÔT, CURÉ !

C'EST LE DÉLUGE !!
T'INQUIÈTE, ON EST À L'ABRI DANS CETTE GRANGE.
MOI, J'AIME PAS QUAND IL PLEUT.
ÇA ME SALIT, ÇA M'ENRHUME, ET APRÈS, MAMAN, ELLE M'ENGUEULE !
ET MOI, ÇA M'FAIT DES OREILLES DÉTRUITES.
C'EST PAS PRÈS DE S'ARRÊTER.
À CROIRE QUE NOÉ VA RECONSTRUIRE SON ARCHE.

SALUT, LES COPAINS.
VOUS FAITES QUOI ?
VOUS VENEZ JOUER AVEC NOUS ?
EUH... VOUS ÊTES SÉRIEUX ?
ON N'EST PAS DES POISSONS !!!
C'EST UN COUP À SE NOYER !!
MA MÈRE, QUAND IL PLEUT, ELLE DIT QUE JE TOMBE MALADE ET APRÈS, ELLE M'EMMÈNE AU DOCTEUR.
ET J'AIME PAS ALLER AU DOCTEUR !!
ARRÊTE DE TE PLAINDRE, YOHAN !

ET SI ON JOUAIT À DANSER ENTRE LES GOUTTES ?
C'EST POSSIBLE ?!?
J'EN SAIS RIEN DU TOUT...
TANT QUE J'AI PAS ESSAYÉ !
QUI VEUT Y JOUER ?
MOI !!!

ALLEZ, TOUS DEHORS !!
ENTRE LES GOUTTES !

P'TIT JÉSUS, J'Y ARRIVE PAS À PASSER ENTRE LES GOUTTES.
J'SUIS TOUT MOUILLÉ.
MOI NON PLUS J'Y ARRIVE PAS !
PERSONNE N'Y ARRIVE !
OUIN
OUINNNNN
OUIIIIINNNNNNNNNNN
ET SI ON JOUAIT AUTREMENT AVEC LA PLUIE ?
COMMENT QU'ON FAIT ?
JE PEUX LA BOIRE GOUTTE PAR GOUTTE.
JE DEVIENS UN POISSON.
JE M'AMUSE À LA BOXER ! HUMPF HUMPF
J'M'ÉBROUE COMME LE CHIEN.
OU BIEN JE LA LAISSE ME MOUILLER COMME LA GRENOUILLE LE FAIT.
CROAAAA CROAAAA
AH AH AHAH AH

MOI AUSSI JE SUIS UN CRAPAUD !!
CROAAAA
CROAAAA
CROAAAA
AH AH AH
AH AH AH AH AHAAAAHHAAH AH AH AH
AH AH AH AH AHAAAAHHAAH AH AH AHAHAH AHAH AH

AH AH AHAHAAAHH AH AH

WAOUH !! J'AI TROP KIFFÉ MA RACE !!
MOI AUSSI ! TROP GOLRI !!
LOL !!
OUI OUI OUI !!
MAIS... MAINTENANT, ON EST TOUT BOUEUX !!
VRAIMENT TROP CRADOS !!
C'EST DÉGUEU !!

OH LÀ LÀ, MA MÈRE, ELLE VA MA DÉCHIQUETER ET ME JETER À LA POUBELLE.
OUIIIIINNNNNNNNNNNNNNN
IL PLEUT, IL PLEUT ET YOHAN EST DEHORS !
DANS QUEL ÉTAT IL VA ME REVENIR ?
MAIS C'EST PAS VRAI !!
DOIT ENCORE TRAÎNER AVEC CE P'TIT JÉSUS !
VA M'ENTENDRE, CELUI-LÀ AUSSI !!
DING DONG
DITES-MOI, CURÉ, IL EST OÙ, P'TIT JÉSUS ?
YOHAN EST AVEC LUI SOUS CETTE PLUIE BATTANTE.
VA ENCORE ME FAIRE UNE MALADIE.
BONJOUR, DELPHINE.
J'EN SAIS RIEN.

VOUS VOULEZ ÊTRE TOUT PROPRES ?
Y A UN ÉTANG LÀ-BAS. ALLONS NOUS LAVER DEDANS.
SUIVEZ-MOI !!
EUH... TOUT HABILLÉS ?
Y A PAS DES BÊTES DEDANS ?
ELLE EST FROIDE ?
VOUS AVEZ PEUR, BANDE DE DÉGONFLÉS ??
HOUUU, LA HONTE !!
SOYEZ SANS CRAINTE, PLONGEZ !! L'EAU EST TROP BONNE.
Y A NI CROCODILES, NI PIRANHAS...
NI MONSTRES.

BANZAÏIIIII
AH AHAHAHAHAAAH AH AH AHAAH
AH AHAHAHAHAAAH AH AH AHAAH

IL M'FAIT TOUJOURS DES BRONCHITES À RÉPÉTITION.
J'EN AI MARRE DE PAYER LE DOCTEUR.
J'VAIS LE GARDER, J'VAIS MANQUER AU BOULOT ET MA PATRONNE VA GUEULER.

CALMEZ-VOUS, MARYSETTE ON VA LES RETROUVER...
ET L'AUTRE LÀ, P'TIT JÉSUS, IL SE PREND POUR QUI ?
J'M'EN VAIS TE L'ENGUEULER AUSSI, CELUI-LÀ !

???

COUCOU, MAMAN.
BONJOUR, CURÉ.

MAMAN !
MON YOHAN...

TOUT VA BIEN POUR TOI, CURÉ ?
OUI, NON ?
T'AS L'AIR TOUT CHELOU.

POURQUOI IL PLEUT DERRIÈRE MOI ? ET PAS DEVANT MOI ?
OH LÀ LÀ LÀ LÀ, MON AMI !!!
T'AS DÉJÀ OUBLIÉ QU'ON EST DANS LE JARDIN D'EDEN, OÙ TOUT EST POSSIBLE ?
HOMME DE PEU DE FOI !!

ELLE A RETROUVÉ SON FISTON, ELLE PEUT PARTIR HEUREUSE.
TOUT À L'HEURE, ELLE ÉTAIT TRÈS EN COLÈRE QUE SON FILS JOUE SOUS LA PLUIE AVEC TOI.
EN COLÈRE ?
JUSTE POUR QUELQUES GOUTTES BIEN INNOCENTES ?
TU TE FOUS DE MOI ?
ALORS QUE LA PLUIE EST SI GÉNÉREUSE AVEC TOUT LE MONDE ?
ELLE AIME QU'ON L'AIME ET QU'ON RIGOLE AVEC ELLE.
DANSONS, RIONS, CHANTONS SOUS LA PLUIE !!
LÂCHE-TOI, CURÉ !!
HALLELUJAAH !!
DANSE !!!
AH AH AHAHAH AH

AU PASSAGE, HEUREUSEMENT QUE LA PLUIE NE PENSE PAS ET NE JUGE PAS...
SINON, PEUT-ÊTRE QU'ELLE SE SERAIT MISE EN COLÈRE CONTRE CETTE FEMME.
TU CROIS PAS ?
VOUS POLLUEZ VOTRE VIE À ÊTRE EN OPPOSITION CONTRE TOUT.
AMUSEZ-VOUS AVEC ELLE, COMME CETTE FEUILLE QUI TOMBE DE L'ARBRE ET JOUE AVEC LE VENT.
ELLE SE LAISSE ALLER... GOÛTE LA JOIE D'ÊTRE PORTÉE...

À BIENTÔT, LES COPAINS !!

OM MANI PADME HUM.
OM MANI PADME HUM.
OM MANI PADME HUM.
OOOOOOOHHHHHH MAIIIIIS QU'EST-CE QUE JE VOIS ????
PAR LA SAINTE LICORNE !!!
VOUS ÊTES LÀ, DEVANT MOI !!
J'ARRIVE !!!

MES AMIIIIIIS
LES ARBRRREEEESS !!!!!
JE T'AIME !
PAF
JE T'AIME !
JE T'AIME !
JE T'AIME !
MERCI À VOUS, LES ARBRES !
VOUS ÊTES MES FRÈRES, MES AMIS, MES MAÎTRES.
GRÂCE À VOUS, JE RESSENS LA LÉGERETÉ DE LA LIBELLULE...
ET LA SÉRÉNITÉ DE L'HIPPOPOTAME.

JE PARS VERS DE NOUVELLES AVENTURES !
OM MANI PADME HUM.
OM MANI PADME HUM.
SCHPLAAAFF
PAR LA SAINTE LICORNE !!
UN OISEAU M'A CHIÉ DESSUS !!
C'EST UN SIGNE, LA NATURE ME DIT BONJOUR !
NAMASTÉ, DAME NATURE !
MERCI, L'OISEAU.
TU ES MON FRÈRE, MON AMI, MON MAÎTRE.
OOOHH, CHOUETTE, UN ROCHER !

NAMASTÉ, LE ROCHER, MON FRÈRE, MON AMI, MON MAÎTRE.
PUIS-JE M'ASSEOIR SUR TOI POUR MÉDITER ?
BZZZZ
BZZZZ
COMMENT ?
AI-JE BIEN ENTENDU ?
TU M'AS RÉPONDU OUI !!
MERCI, MON FRÈRE !!
GRÂCE À TOI, MON ÂME DÉBORDE DE JOIE.
AAAUUUUUUUUUUMMMM

P'TIT JÉSUS,
RATTRAPE-MOI SI TU PEUX !!
TROP FACILE !

REGARDE LÀ-BAS, LE TREMPLIN !
TROP BIEN !!!!
ON SE LE FAIT !!!

YEAAAHHHH !!!!
PAF
OH LÀ LÀ, QUELLE CHUTE !
ÇA VA, ZACH ?
UN PEU MAL À LA TÊTE, MAIS ÇA VA...
C'EST L'HOMME QU'ON A PERCUTÉ ?
BEN OUI.

HÉ, M'SIEUR !
VOUS NOUS ENTENDEZ ?
IL ESSAIE DE COMMUNIQUER...
JE COMPRENDS RIEN.
SORTONS-LE DE LÀ.
OUH LÀ LÀ, IL FAIT UNE DRÔLE DE TÊTE.
VOUS ALLEZ BIEN, M'SIEUR ?
AUCUNE RÉACTION, ON DIRAIT UNE STATUE.
ÇA CRAINT, FAUDRAIT PEUT-ÊTRE L'EMMENER À L'HÔPITAL.
ABRACADABRA, ME REVOILÀ !
J'ÉTAIS MORT !
JE REVIENS PARMI VOUS, MES FRÈRES.
UN VÉRITABLE MIRACLE !!!
ÉCOUTEZ MON HISTOIRE, GAMINS : J'AI VISITÉ LES GALAXIES ET LE GRAND MAÎTRE DU PREMIER RAYON GALACTIQUE M'A ACCUEILLI LES BRAS GRANDS OUVERTS !
ET LÀ... Ô MIRACLE DES MIRACLES, IL M'A DIT : « ÉVEILLE-TOI, PETIT ASTICOT, SORS DE LA TERRE ET FONCE ».
INCROYABLE, NON ?
MOI, UN ASTICOT ?
WAOUH ! C'EST GÉNIAL !!
MAIS ATTENDEZ, C'EST PAS FINI !!
ZACH, VA CHERCHER LE BATEAU REMORQUE QU'ON A FABRIQUÉ DANS TON GARAGE, ATTACHE-LE À TON VÉLO ET REVIENS VITE !
OK, P'TIT JÉSUS.

J'AI CONTINUÉ MON VOYAGE À TRAVERS LES DOUZE RAYONS SACRÉS OÙ J'AI RENCONTRÉ LE GRAND LAMA BLANC INTERSIDÉRAL.
PUTAIN QU'IL ÉTAIT BEAU, LUI. IL FAISAIT DOUZE MÈTRES DE HAUT, HABILLÉ COMME UN PRINCE.
IL M'A TRANSPERCÉ DU REGARD ET M'A DIT : « AVANT DE CONTINUER TON ASCENSION, PETIT ASTICOT, JE VAIS TE LAVER DE TOUTES TES SOUILLURES ».
ET ME VOICI À NOUVEAU PARMI VOUS, MES FRÈRES.
PUR, VIERGE, IMMACULÉ, TEL LE NOUVEAU-NÉ.
OHHHHH SAINTE LICORNE, UNE QUESTION ME VISITE...
SUIS-JE ENCORE HUMAIN ?
OU UN ASTICOT AYANT FORME HUMAINE ?
JE NE SAIS PLUS...
JE NE SAIS PLUS...
VIENS AVEC MOI, MONSIEUR.
OU ALORS JE SUIS MOITIÉ ASTICOT, MOITIÉ HUMAIN.
L'ASTICUMAIN.
MAIS QUI SONT MES SEMBLABLES ? LES HUMAINS OU LES ASTICOTS ? IL N'A PAS PRÉCISÉ...
CAR AVANT DE PARTIR, IL A AJOUTÉ : « PETIT ASTICOT, VA ET DÉLIVRE TES SEMBLABLES DU MAL, EMMÈNE-LES VERS LA LUMIÈRE ».
LES DEUX PEUT-ÊTRE ?

J'AI UNE MISSION DE VIE.
MOI TROP CONTENT !
JE VAIS SAUVER L'HUMANITÉ ET TOUS LES ASTICOTS !
ET LA PLANÈTE AVEC !!!
ZZZZZZZZ
ZZZZZZZZ
OUI, GRAND LAMA, JE VAIS T'OBÉIR !
AIE CONFIANCE !
CAR JE SUIS L'ASTICUMAIN !
L'ÉLU !!!

ZZZZZZZ
ON EST BIENTÔT ARRIVÉS !
BOUCHERIE
MAIS OÙ SUIS-JE ?
QUELS ÊTRES DE LUMIÈRE ÊTES-VOUS ?
EST-CE L'ANTRE DU GRAND LAMA BLANC ?
URGENCES
OOOHHHH, DES INFIRMIERS !!!
AIDEZ-MOI À ACCOMPLIR MA MISSION !
SOYEZ MES DISCIPLES !
LÂCHEZ TOUT ET SUIVEZ-MOI !!
JE VAIS TOUS VOUS SAUVER, LES INFIRMIERS, LES DOCTEURS !!!!
TOUS AUTANT QUE VOUS ÊTES !!
JE SUIS L'ASTICUMAIN !
JE SUIS VOTRE SAUVEUR !!

HEUREUSEMENT QU'ON A EMMENÉ CE TYPE À L'HOSTO, IL ÉTAIT EN PLEIN DÉLIRE !
OUI, C'ÉTAIT UN DÉLIRE DE MYSTICO-PÉTÉ.
MYSTICO-PÉTÉ ? C'EST QUOI ?
DES PERSONNAGES QUI CHERCHENT À ÉLEVER LEUR VIBRATION ET SE RAPPROCHER DU CIEL, À CROIRE QUE POUR EUX LA TERRE EST L'ENFER...
COMME DES DROGUÉS, ILS CHERCHENT DES SHOOTS D'ÉNERGIE CÉLESTE.

À LA PLEINE LUNE, ILS CONTACTENT LEUR ANIMAL TOTEM POUR SE PROUVER QU'ILS SONT RELIÉS AU DIVIN ET ENSUITE, ILS S'INVENTENT UNE MISSION DE VIE, SAUVER LES AUTRES...
ET SE CROIENT INVESTIS D'UN POUVOIR.
ILS ONT FOI AU MÉRITE SPIRITUEL ET PAR CONSÉQUENT SE SENTENT PROTÉGÉS PAR LES ANGES...
ALORS QUE LE MÉRITE N'EXISTE PAS.
ILS COUVENT LE SECRET ESPOIR DE N'ÊTRE QU'AMOUR INCONDITIONNEL POUR LE MONDE ENTIER...
ALORS QU'ILS NE S'AIMENT PAS.
LEUR EGO SPIRITUEL LES OBLIGE À NIER LEUR PART D'OMBRE...
ET LÀ, C'EST LA CATA, ILS SE RETROUVENT EN GUERRE CONTRE EUX-MÊMES ET LES AUTRES.
JE POURRAIS CONTINUER MAIS JE VAIS ARRÊTER LÀ, CAR AU FOND, ILS NE SONT PAS MÉCHANTS.
JUSTE BARRÉS DANS LEURS CROYANCES DU BIEN ET DU MAL.
SAUF QUAND ILS VEULENT ENSEIGNER LEUR DÉLIRE...
CEUX-LÀ, JE LES VOMIS !!!

ÉVIDEMMENT, ILS SONT CONVAINCUS D'ÊTRE DANS LE VRAI.
MAIS SUR TERRE, COMBIEN DE PERSONNES CROIENT ÊTRE DANS LE VRAI ?
LES RELIGIEUX, LES ATHÉES, LES AGNOSTIQUES, LES SUPERSTITIEUX, CELUI QUI DESSINE CETTE HISTOIRE, CEUX QUI LA LISENT...
TOUS SONT PERSUADÉS D'AVOIR RAISON.
MAINTENANT TAISONS-NOUS. SINON NOS AMIS NE VIENDRONT PAS.
OHHH, REGARDE, ZACH, LES VOILÀ !
ILS ARRIVENT !
WAOUH, GÉNIAL, JE LES VOIS !
OH LÀ LÀ, ILS SONT TROP BEAUX !!
BONJOUR, LES AMIS, VOUS POUVEZ NOUS EMMENER EN BALADE ?
BIEN SÛR, P'TIT JÉSUS. MONTEZ SUR NOTRE DOS AVEC TON AMI.
TOP COOOOOL VOUS ÊTES TROP SYMPAS !!

AH AHAHAH AHA AH AH AHAHAHAH
P'TIT JÉSUS, JE KIFFE TROP !!! C'ÉTAIT MON RÊVE DE VOLER SUR UN OISEAU !!
MOI AUSSI, J'AI UN RÊVE. JE FAIS CE RÊVE FOU QU'UN JOUR VIENDRA OÙ MES FRÈRES HUMAINS CESSERONT DE CHERCHER CET AILLEURS IMAGINAIRE...
POUR ÊTRE ICI, SANS PENSÉE, NI CROYANCE...
SIMPLEMENT
INNOCEMMENT
ÊTRE LA VIE
EN ATTENDANT QUE CE RÊVE DEVIENNE RÉALITÉ...

JE SENS QU'ON N'A PAS FINI DE RIRE AVEC EUX !!
DuMovilla
2021